¿Qué fue

el Mo

¿Qué fue
el Motín del Té?

Kathleen Krull
Ilustraciones de Lauren Mortimer

SANTILLANA USA

A todos mis amigos maestros.
K.K.

loqueleo

Título original: *What Was the Boston Tea Party?*
© Del texto: 2013, Kathleen Krull
© De las ilustraciones: 2013, Lauren Mortimer
© De la ilustración de portada: 2013, Penguin Group (USA) Inc.
Todos los derechos reservados.

Publicado en español con la autorización de Grosset & Dunlap, un sello de Penguin Young
Readers Group, una división de Penguin Random House LLC

© De esta edición:
2016, Santillana USA Publishing Company, Inc.
2023 NW 84th Avenue
Miami, FL 33122, USA
www.santillanausa.com

Dirección editorial: Isabel C. Mendoza
Cuidado de la edición: Ana I. Antón
Coordinación de montaje: Claudia Baca
Servicios editoriales de traducción por Cambridge BrickHouse, Inc.
www.cambridgebh.com

Loqueleo es un sello de **Santillana**. Estas son sus sedes:
ARGENTINA, BOLIVIA, BRASIL, CHILE, COLOMBIA, COSTA RICA, ECUADOR, EL SALVADOR,
ESPAÑA, ESTADOS UNIDOS, GUATEMALA, MÉXICO, PANAMÁ, PARAGUAY, PERÚ, PORTUGAL,
PUERTO RICO, REPÚBLICA DOMINICANA, URUGUAY Y VENEZUELA.

¿Qué fue el Motín del Té?
ISBN: 978-1-631-13411-1

Published in the United States of America
Printed in USA by Whitehall Printing Company

20 19 18 17 16   1 2 3 4 5 6 7 8 9 10

Índice

¿Qué fue el Motín del Té?

Esta "reunión para tomar el té" fue muy extraña. Se llevó a cabo al atardecer y casi en completo silencio. Duró cerca de tres horas. No había mujeres, solo hombres; muchos de ellos eran adolescentes. Era peligroso participar en esta reunión. Si los descubrían, serían arrestados y enfrentarían un castigo severo; por eso todos estaban disfrazados.

¿Tomaron té? ¡No! Ni un sorbo. Ese no era el objetivo… Abordaron tres barcos en el puerto de Boston y lanzaron por la borda 342 cajones llenos de té. Afortunadamente, solo dos personas resultaron heridas; una que descubrieron robando té y fue azotada, y a otra, uno de los pesados cajones le cayó encima.

El Motín del Té fue una de las protestas más im-
pactantes de todos los tiempos. Sacudió al mundo

y, con el tiempo, condujo al nacimiento de un país completamente nuevo.

Capítulo 1
¿Cómo se relacionan los impuestos con el té?

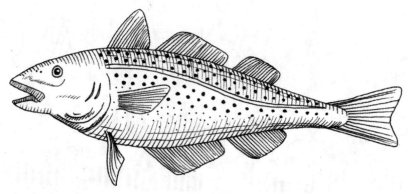

Bacalao

En el siglo XVIII, Boston apestaba a estiércol de caballo y basura, a menos que soplara la brisa fresca y salina del puerto. Los olores de los alimentos se mezclaban: la crema de almejas, el abundante bacalao fresco, las calabazas hirviendo, el pan y lo que estuvieran cocinando los vecinos. Todo el mundo vivía hacinado en las calles sinuosas y estrechas que bajaban al mar.

Algo más se olía en el aire: un motín. Boston se estaba dando a conocer como la ciudad que más posibilidades tenía de cuestionar la autoridad. ¿La autoridad de quién? Del rey de Inglaterra, Jorge III. El rey había decidido castigar a las colonias ante cualquier señal de amotinamiento, y los colonos de Norteamérica lo consideraban un tirano.

El rey Jorge III

Indígenas mohicanos

Para 1765, los habitantes de las trece colonias de Norteamérica se sentían henchidos de orgullo. Prosperaban más allá del océano, lejos de Gran Bretaña. Habían talado los bosques, cultivado la tierra y construido casas. Había pueblos y ciudades. Ahora los colonos superaban en número, veinte a uno, a los habitantes nativos, los indígenas norteamericanos.

Las trece colonias

Cada colonia actuaba casi como un país independiente. Y a pesar de que las colonias pertenecían a Inglaterra, aprobaban sus propias leyes. Virginia tenía la Cámara de los Burgueses, Pensilvania contaba con la Asamblea General y Massachusetts, con la Cámara de Representantes.

Ben el poeta

Benjamín Franklin escribió un gracioso poema que muestra cómo se sentían muchos de los colonos acerca de Gran Bretaña. Pensaban que el rey de Inglaterra los trataba como niños que no podían cuidarse a sí mismos.

Benjamín Franklin

A Benjamín Franklin se le conoce como uno de los Padres Fundadores de Estados Unidos. Ayudó a redactar la Declaración de Independencia y la Constitución de Estados Unidos.

Ha crecido el malhumor de nuestra vieja madre,
Nos desaira como a niños que apenas caminan;
Olvida que crecimos y que tenemos conciencia propia,
Que nadie puede negar, negar, que nadie puede negar.

Boston, en Massachusetts, era el puerto comer-
cial más rico de Norteamérica y bullía de energía.

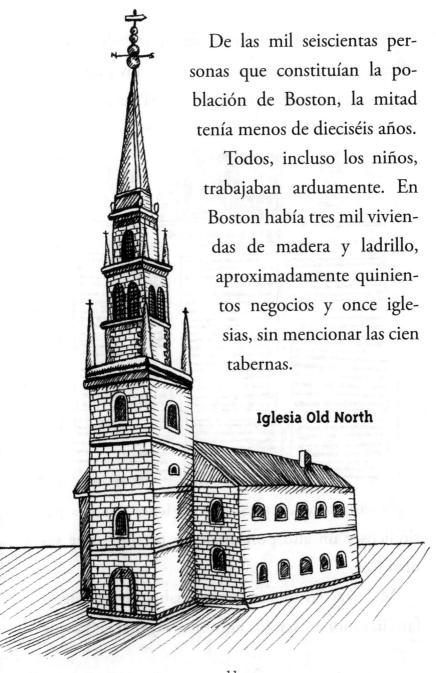

De las mil seiscientas personas que constituían la población de Boston, la mitad tenía menos de dieciséis años. Todos, incluso los niños, trabajaban arduamente. En Boston había tres mil viviendas de madera y ladrillo, aproximadamente quinientos negocios y once iglesias, sin mencionar las cien tabernas.

Iglesia Old North

A lo largo de la costa, había embarcaderos y astilleros para prestar servicio a todos los buques de carga que navegaban hacia o desde el puerto.

Boston también presumía de tener grandes periódicos y un alto porcentaje de personas que sabían leer.

Mientras las mujeres se ocupaban de atender a familias numerosas, los hombres se ganaban la vida dirigiendo negocios, creando productos finos como juegos de té de plata, trabajando en los barcos o pescando, entre otras ocupaciones. Debido a que en la reciente guerra contra los franceses y los indígenas norteamericanos habían muerto muchos hombres, las mujeres los superaban en número.

La guerra había durado siete años difíciles, Gran Bretaña ganó con la ayuda de los colonos. Ahora, el rey de Inglaterra gobernaba aún más territorio de Norteamérica.

Pero la guerra había sido muy costosa. Gran Bretaña casi había agotado sus arcas y debía lo que en moneda actual equivaldría a miles de millones de dólares. Por eso el Parlamento insistía en obtener más ganancias de las colonias de Norteamérica.

¿Pero cuándo querían el dinero?

¡De inmediato!

El Parlamento, órgano de gobierno que aprobaba las leyes en Gran Bretaña, no tenía miembros de las colonias.

Por lo tanto, en 1765, el Parlamento británico impuso la Ley del Timbre a las colonias de Norteamérica, en un intento de recaudar dinero.

Parlamento de Gran Bretaña

De repente, todo lo que contenía papel (periódicos, documentos legales, juegos de naipes), debía llevar un timbre oficial pagado con un impuesto.

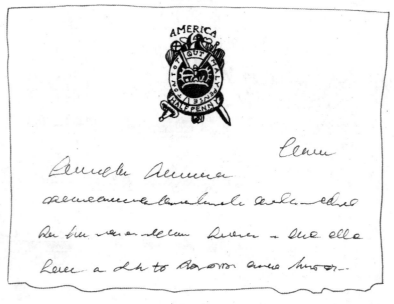

¿Un impuesto? A nadie le gusta pagar impuestos. Los impuestos son el tributo que recibe el gobierno para pagar por los servicios que brinda a sus ciudadanos. Hasta ahora, los norteamericanos no habían tenido que pagar impuestos directos y les parecía bien que así fuera. Este era uno de los motivos por el que las colonias prosperaban. La Ley del Timbre fue el primer gran tributo impuesto a las colonias y el primero sobre las producciones norteamericanas.

Los colonos lo rechazaron. No tenían representación ni podían opinar en lo que decidía el gobierno británico. No era justo que el Parlamento tuviera el poder de cobrarles un impuesto.

En Boston, la Ley del Timbre cayó como una bomba y hubo disturbios. Los manifestantes salieron a las calles coreando "¡Libertad, propiedad y nada de timbres!". Arrojaron los documentos

timbrados a las hogueras y lanzaron rocas y ladrillos
a los oficiales británicos. Estuvieron a punto de destruir la magnífica casa de Thomas Hutchinson, el
aborrecido gobernador británico de Massachusetts.

Hutchinson huyó al Fuerte William, una

fortaleza ubicada en una isla en el puerto de Boston.

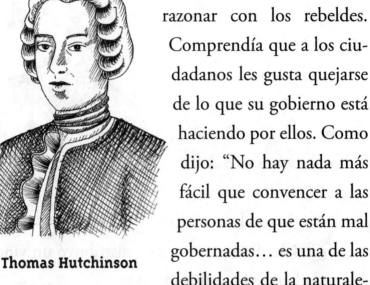

Thomas Hutchinson

Al principio, trató de razonar con los rebeldes. Comprendía que a los ciudadanos les gusta quejarse de lo que su gobierno está haciendo por ellos. Como dijo: "No hay nada más fácil que convencer a las personas de que están mal gobernadas… es una de las debilidades de la naturaleza humana". Pero cuando Hutchinson favoreció firmemente la ley británica, se convirtió en el hombre más odiado de Boston. Después del Motín del Té, perdió su empleo y volvió a Inglaterra. Lo reemplazó Thomas Gage, un general riguroso.

Boston no fue la única ciudad en manifestarse. De hecho, fue la primera vez que muchos colonos sentían lo mismo: la Ley del Timbre debía ser anulada.

Conmocionado por la violencia, el Parlamento británico derogó la Ley del Timbre el año siguiente.

Hubo celebraciones masivas la noche en que los bostonianos lo supieron. El hombre más rico de la ciudad, John Hancock, encendió deslumbrantes fue-

John Hancock

gos artificiales frente a su casa y distribuyó un vino de calidad entre la multitud.

¿Se había rendido el Parlamento? No. En 1767, introdujo las Leyes Townshend. Ahora los colonos debían pagar impuestos por las mercancías que llegaba a Norteamérica; pintura, papel, plomo, cristal y la última moda en las colonias: el té.

Algunos colonos se enfurecían cada vez más.

Capítulo 2
Mueren niños en Boston

Samuel Adams, de Boston, estaba muy enojado. Él fue uno los primeros en instar a los norteamericanos a unirse y romper lazos con Inglaterra. Los británicos lo consideraban "el hombre más peligroso de Massachusetts".

Samuel Adams

El padre de Adams había sido el propietario de la fábrica de cerveza de cebada más grande de Boston, pero perdió todo su dinero.

Samuel estudió en la Universidad de Harvard. Allí comenzó su resentimiento hacia Gran Bretaña. En aquel entonces, mantuvo sus sentimientos

Universidad de Harvard

para sí. Exigir el fin del gobierno británico se consideraba traición, un delito que se castigaba con la muerte.

Después de la universidad, Samuel fracasó en casi todo lo que emprendió. Pasaba las noches en las tabernas, donde los hombres hablaban acerca de los sucesos del día. También disfrutaba fumar "hasta que no podías ver el otro extremo de la habitación", según contaba su primo John Adams.

Samuel Adams

Samuel Adams decía que "odiaba el dinero y que con seguridad él era malo para hacerlo". De aspecto sórdido, vestido con un saco rojo harapiento y una peluca gris barata, parecía mucho mayor de lo que era. Su cabeza y sus manos temblaban, lo que empeoraba cuando estaba alterado. Pero su primo John elogiaba "su profunda comprensión de la libertad [y] su buen carácter". Él no está entre los Padres Fundadores más conocidos; los Padres Fundadores fueron los primeros hombres que lucharon para liberar las colonias de Inglaterra y fundar un nuevo país. Después de que las colonias se convirtieron en Estados Unidos de América en 1776, Samuel Adams permaneció activo en la política. Fue gobernador de Massachusetts por tres períodos y medio y murió en 1803.

Con frecuencia lo confunden con sus primos más conocidos (John y John Quincy, el segundo y el sexto presidente de EE. UU., respectivamente). Si en la actualidad se conoce su nombre, se debe principalmente a una cerveza. La compañía Boston Beer comenzó a fabricar las cervezas Samuel Adams en 1985. No se trata solo de que a Adams no le gustaba beber, sino que ni siquiera es su retrato el que aparece en la etiqueta de la marca. Es Paul Revere.

Samuel Adams bombardeaba los periódicos con cartas furiosas sobre Gran Bretaña; escribió miles. Algunas veces respondía a sus propias cartas, utilizando nombres falsos, para que pareciera que todos en Boston estaban enojados.

No era solo por los impuestos que los bostonianos como Samuel Adams estaban resentidos. Sospechaban que el rey quería eliminar su poder para autogobernarse. Notaron, además, que algo no andaba bien; se estaba tramando una conspiración para quitarles la libertad. Los seguidores de Samuel, que al principio se llamaron los "Mohicanos de Adams", vestían mantas como las de los indígenas norteamericanos para demostrar su deseo de vivir libres y con sencillez.

Según los estatutos de Massachusetts, los hombres que poseían propiedades podían elegir a sus representantes para que administraran los asuntos locales. También podían organizar reuniones para decidir dónde construir carreteras, establecer presupuestos y tratar cualquier otro tema que afectara el bienestar de la ciudad. El poder estaba ahí, no en un Parlamento a tres mil millas de distancia.

Después de la Ley del Timbre, los trabajadores y comerciantes de Boston fundaron la asociación "Hijos de la Libertad". Esta sociedad secreta de rebeldes, que protestaban en contra del impuesto del timbre, pronto se extendió a otras partes. En Boston, los miembros se reunían a menudo bajo el Árbol de la Libertad, un olmo de cien años. En ocasiones colgaban de sus ramas a un recaudador de impuestos británico, no uno de verdad, sino un muñeco.

Algunas veces, como castigo, cubrían a los recaudadores de impuestos de alquitrán y plumas. Un grupo solía echarle alquitrán caliente al recaudador, luego lo hacían rodar sobre plumas y algunas veces lo golpeaban. No era mortal, pero los informes sobre estas prácticas alarmaron a los británicos, que llamaron "caníbales" a los rebeldes.

Otras protestas consistían en boicots a las mercancías provenientes de Gran Bretaña, como la ropa y el té. (Un boicot significa rehusarse a comprar determinada mercancía o comprar en determinado negocio, con el propósito de expresar desaprobación). Se animó a las jóvenes a hilar sus propias

prendas en lugar de comprarlas de Inglaterra. Los jóvenes destruían los negocios en donde aún se vendían mercancías británicas. En ocasiones, ensuciaban las paredes de los negocios con excremento humano.

El rey tenía que ponerle fin a todo este problema. En 1768 envió tropas a Boston, que con el tiempo sumaron cuatro mil soldados. Vestidos con chaquetas de un rojo intenso, las tropas estaban para patrullar las calles, acabar con las protestas y proteger a los partidarios de la corona británica; conocidos como "lealistas". Los lealistas eran

colonos que estaban del lado del rey Jorge. Fue la primera vez que se enviaron tropas para vigilar a los norteamericanos y no para protegerlos.

La situación empeoró. Los niños y los adolescentes a menudo desafiaban a los soldados. Los insultaban y les lanzaban bolas de nieve, ostras, huevos podridos y piedras.

Con una atmósfera tan tensa, era seguro que iba a haber un enfrentamiento.

Un día, durante una disputa entre lealistas y rebeldes, un lealista disparó su arma; hirió a un joven de diecinueve años y mató a un niño de once.

El niño, Christopher Seider, fue considerado un héroe que murió por la causa de su país. Su funeral fue el más concurrido de los celebrados en Norteamérica hasta ese momento.

Un par de semanas más tarde, el 5 de marzo de 1770, una multitud de colonos estaba insultando a unos oficiales

británicos. Ninguno de los colonos llevaba armas, pero un soldado nervioso disparó la suya.

Crispus Attucks, un antiguo esclavo fugitivo que ahora era marinero, fue el primero en morir. Murieron cuatro personas más, incluidos dos muchachos de diecisiete años.

Un testigo lloraba al "ver la sangre derramada de los compatriotas fluir como agua por la calle". Doce mil personas asistieron a los funerales.

El suceso del 5 de marzo se conoció como la Masacre de Boston. Una masacre es el asesinato de un grupo de personas que no oponen resistencia. Esto no es exactamente lo que sucedió en

Crispus Attucks

Boston. No obstante, en los años siguientes, Samuel Adams les diría a los bostonianos: "¡Recuerden la Masacre sangrienta!".

Los oficiales británicos permanecieron en el Fuerte William, en la isla Castle, a dos millas de Boston. Era una fortaleza de piedras enormes con muchos cañones.

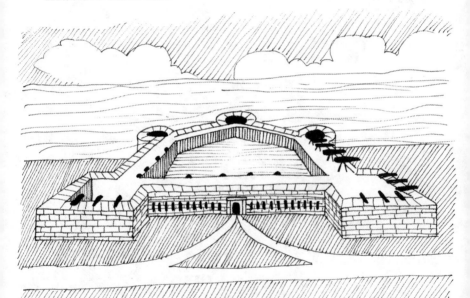

Fuerte William

¿De qué manera reaccionó el gobierno británico ante todo esto? Con el propósito de buscar la paz, el Parlamento derogó (o eliminó) todos los impuestos de las Leyes Townshend; todos con excepción del impuesto mínimo al té. El gobierno británico estaba dando muestras de ser razonable pero al mismo tiempo mostraba que seguía siendo el jefe de Norteamérica.

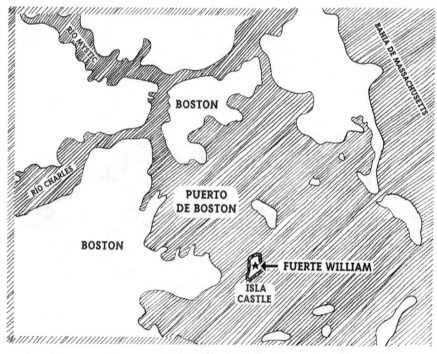

Algunas mujeres formaron sus propios grupos rebeldes. Uno de ellos se llamó "Hijas de la Libertad". Varias intentaron dejar el hábito de tomar té una vez que el impuesto entró en vigencia. Comenzaron a preparar su propio té de hojas de salvia o de frambuesa y lo nombraron "Té de la Libertad". Los colonos también pudieron evitar pagar el impuesto trayendo el té de contrabando de Holanda y descargándolo de los barcos durante la noche.

Cada vez se sumaban más hombres, mujeres y niños a la causa de Samuel Adams y los Hijos de la Libertad.

En mayo de 1773, el Parlamento aprobó una ley dedicada exclusivamente al té: la Ley del Té. ¿Buscaba con esto Gran Bretaña provocar a los colonos?

El té

El té era importante para los colonos. Rara vez tomaban agua fresca porque pensaban que los enfermaría. Acompañaban sus comidas con ron, cerveza, vino y, cada vez con más frecuencia, té. Preparaban la infusión con hojas de té, provenientes de China e India, en agua hirviendo. (Pensaban, acertadamente, que el proceso de hervir el agua mataba todos los gérmenes).

Al principio, el té era un producto de lujo, solo para la gente rica. Pero con el tiempo, casi todos en las colonias podían pagarlo. Ya en la década de 1760, los norteamericanos tomaban mucho té. Les encantaba prepararlo y servirlo en bonitas teteras para las visitas. Los más adinerados, tenían juegos de té hechos de plata.

Capítulo 3
La taberna El dragón verde

Taberna El dragón verde

Nadie trabajó tanto como Samuel Adams para eliminar el impuesto al té, y ni siquiera le gustaba su sabor. Se reunía con otros hombres en tabernas como El dragón verde y, a medida que aumentó el número de participantes, en la sala de reuniones Faneuil.

Sala de reuniones Faneuil

Allí estaba su joven y robusto primo (y futuro presidente), John Adams. John era un joven abogado con mucho futuro. Vociferaba que la Ley del Timbre "drenaría el dinero del país, despojaría a las multitudes de sus propiedades y las reduciría a la mendicidad absoluta".

John Adams

John Hancock era muy diferente a los primos Adams. Vestía trajes de terciopelo rojo y vivía en una mansión en Beacon Hill. También era un rebelde, pero se preocupaba por proteger su propiedad de los grupos violentos. Pensaba que Samuel Adams era un genio de la política y comprendió que tenía bastante influencia en sus seguidores como para mantener segura su propiedad. Además, comenzó a financiar a los Hijos de la Libertad. John Hancock era un orador formidable, popular y muy generoso con los pobres. Llegó a convertirse

Mansión de Hancock en Beacon Hill

en el primer gobernador estadounidense de Massachusetts, en 1780, y fue muy querido por todos.

Paul Revere era un fiel amigo de los Hijos de la Libertad y un orfebre experto, cuyo trabajo era muy demandado. Si querías servir té en una hermosa tetera de plata, era a Paul Revere a quien debías ver. Además, su habilidad como jinete

Paul Revere

lo convirtió en un mensajero legendario para los rebeldes.

Todos los días, los Hijos de la Libertad tenían nuevos motivos para protestar. Aun cuando la Ley del Té de 1773 mantuvo el impuesto, ofrecía un beneficio para las colonias: redujo el precio del té a la mitad.

¿Cómo ocurrió esto?

Gran Bretaña quería ayudar a la poderosa Compañía Británica de las Indias Orientales, que vendía, entre otras cosas, té de India y de China. La compañía estaba teniendo problemas; tenía almacenadas dieciocho millones de libras de té que no había podido vender. Así que el Parlamento decidió que los colonos *tenían* que comprar el té de la Compañía Británica de las Indias Orientales. A cambio, lo obtendrían a un precio más barato. Los colonos de Boston estaban enfurecidos. Rechazaban el impuesto al té y *también* que le dijeran a quién comprarlo. (Hasta el momento lo habían podido traer de contrabando desde Holanda).

¿Y entonces? Quizá pronto los británicos les exigirían a los colonos que compraran otras cosas, como herramientas o ropa, solo a Inglaterra. Esto no era justo.

En octubre, los periódicos informaron que unos barcos ingleses cargados de té navegaban hacia el puerto de Boston. Los rebeldes dijeron que esto "era un ataque violento a los derechos de Norteamérica". Samuel Adams lo llamó "más temible que la peste". No se trataba del té, sino de la libertad.

El primer barco arribó al puerto el 28 de noviembre. Pronto llegaron dos barcos más al muelle de Griffin.

Los barcos se llamaban *Dartmouth*, *Eleanor* y *Beaver*. La carga de los tres sumaba 342 pesados cajones

repletos de té. Un cuarto navío, que cargaba cincuenta y ocho cajones de té, se hundió en las afueras del cabo Cod.

Los rebeldes y sus partidarios estaban firmemente decididos a no aceptar el té. Exigieron que los barcos dieran la vuelta y regresaran a Inglaterra. El té no se iba a descargar.

Pero los barcos se negaron a irse. Por ley, no podían abandonar el puerto sin antes dejar su carga. Así que los colonos, armados, se aseguraron de que ningún cajón de té se descargara en el muelle. Cada media hora, se comunicaban entre ellos: "Todo está bien".

Boston se encontraba bajo una presión que iba en aumento. *Algo* tenía que ocurrirle a este té, en menos de veinte días, antes de la medianoche del 16 de diciembre. De lo contrario, los oficiales británicos podían confiscarlo, comenzar a venderlo y cobrar el odiado impuesto.

Ahora otras ciudades incitaban a Boston para que actuara. Abigail Adams, la esposa de John Adams, dijo: "La llama está encendida y, como el rayo, se prende de alma en alma".

El 29 de noviembre, había circulares por toda la ciudad de Boston que instaban a la acción: "¡Amigos! ¡Hermanos! ¡Compatriotas! La peor de las plagas, ese té detestable, ya está aquí".

Abigail Adams

En Boston se realizaban reuniones públicas para protestar contra el gobierno británico. Estos encuentros estaban abiertos a todos; no solo a las autoridades elegidas o a los ricos. La primera reunión sobre el té fue tan concurrida (asistieron entre cinco mil y siete mil personas), que tuvieron que hacerla en la casa de reuniones Old South, el edificio más grande de la ciudad. En una sala sin calefacción, en medio del olor de cuerpos sin bañar, los asistentes

Casa de reuniones Old South

estaban sentados en duros asientos de madera y golpeteaban sus pies para mantenerse calientes.

El gobernador Hutchinson envió un mensaje con la orden de terminar la reunión. Samuel Adams pensó que Hutchinson era un descarado, por lo que replicó: "¿Él? ¿Él? ¡Ese hombre debilucho que apenas es capaz de sostener su cuerpo marchito o su cabeza canosa! ¿Representa él *a su majestad*?".

El grupo se negó a dispersarse. Adams quería que el té se enviara de vuelta a Inglaterra y que no se pagaran los impuestos. Alguien gritó que deberían lanzarlo por la borda. Los líderes de los Hijos de la Libertad fingieron ignorar el arrebato. Deseaban que quedara registrado oficialmente que estaban a favor de preservar el té, no de destruirlo. Pero esto era lo que decían en público. En sus reuniones secretas, Adams y otros líderes estaban planeando hacer exactamente lo que aquel hombre gritó: arrojar el té al agua.

El último encuentro público sobre el té se llevó a cabo en la mañana helada y lluviosa del 16 de

diciembre de 1773. Se le envió un último mensaje al gobernador preguntándole si les ordenaría a los barcos zarpar del puerto llevándose el té.

Hutchinson respondió que no.

Los gritos resonaron en toda la sala. Se escuchó la voz de Hancock diciendo: "Que cada hombre haga lo que considere correcto".

De repente, Adams finalizó la reunión concluyendo: "Esta reunión no puede hacer nada más para salvar el país". Sus palabras parecieron una señal convenida.

Se escuchó un silbido intenso y alguien gritó: "¡El puerto de Boston será una tetera esta noche!".

Capítulo 4
Llegó el momento

Eran aproximadamente las seis de la tarde. Cerca de cincuenta hombres, algunos toscamente vestidos como los indígenas norteamericanos, aparecieron detrás de la casa de reuniones Old South.

De dos en dos, comenzaron a marchar hacia el muelle de Griffin. Otros hombres y varios muchachos se unieron en el camino. El grupo llegó a tener alrededor de ciento cincuenta hombres.

Sus disfraces variaban. Algunos se parecían vagamente a la indumentaria usada por los indígenas mohicanos o los narragansett. Los hombres llevaban hachas pequeñas y grandes, vestían mantas de lana y quizá algunas plumas de ganso. Habían cubierto su rostro con pintura, tizne de corcho quemado, carbón u hollín de la chimenea.

¿Por qué aparentaron ser indígenas?

Aparte de ocultar su identidad, quizá había otras razones para disfrazarse. Muchos bostonianos temían y respetaban a los mohicanos. Es probable que los rebeldes desearan verse tan feroces como esos guerreros o que quisieran parecer lo menos británicos posible. También puede haber intervenido el racismo; los rebeldes actuaban y se veían como aquellos a los que consideraban "salvajes". No existen registros de lo que los verdaderos indígenas pensaron acerca de los disfraces poco convincentes de los rebeldes.

Los que se unieron en el camino solo tuvieron
tiempo de oscurecerse el rostro con grasa o con

cualquier cosa que encontraron. Era muy importante que no los reconocieran.

Un muchacho de dieciséis años dijo más tarde: "Más que hombres, parecíamos demonios salidos del abismo".

Para cuando estos "indígenas" llegaron al muelle, una multitud se había reunido. Alrededor de mil personas permanecieron en la costa, casi en completo silencio, para observar lo que sucedería a continuación.

Ya en el muelle, los "indígenas" golpearon a un oficial británico que empuñó su espada. Alguien del grupo le apuntó con su arma y le dijo: "El camino es lo suficientemente ancho para todos nosotros; no tenemos nada contra ti y no queremos hacerte daño. Si sigues tu camino en paz, nosotros haremos lo mismo". El oficial, sabiamente, se hizo a un lado y los dejó pasar. Los hombres se dividieron en tres grupos y abordaron los tres barcos. Le ordenaron a los capitanes y sus tripulaciones que se mantuvieran bajo cubierta y prometieron no hacerles daño. Solo los cajones de té estaban en peligro. Amablemente pidieron velas y las llaves de las escotillas. Con cuerdas y poleas, elevaron a las cubiertas los pesados cajones, cada uno pesaba cuatrocientas libras. Levantaron sus hachas y con un sonoro golpe los abrieron. Luego, los lanzaron al océano.

Cajón tras cajón, los 342 se hundían en el puerto y las hojas de té volaban por todas partes.

Los carpinteros trabajaron codo a codo con los impresores, los doctores con los albañiles, los granjeros con los barberos; todos hombres normales y corrientes. Más tarde, uno de ellos comentó: "Jamás había trabajado tanto en mi vida".

Desde lejos, parecía que los barcos vomitaban. Era casi como una obra de teatro interpretada por las antorchas, los faroles y la luna.

Los que estaban a bordo podían oír las cubiertas crujiendo, las botas de los hombres pisando fuerte y los cajones golpeando con pesadez el agua.

"Al escuchar desde la distancia", escribió más tarde un periodista británico, "se podía distinguir claramente el sonido de los cajones rompiéndose".

Se recomendaba no hablar. Los hombres se comunicaban, cuando tenían que hacerlo, mediante silbidos o gruñidos. "Nos alegraba la idea de preparar una gran taza de té para los peces", dijo después uno de los hombres.

Debían trabajar tan rápido como les fuera posible y luego esfumarse. El castigo por robo en

Massachusetts era la horca; un joven había sido colgado por esa razón unas semanas antes. Ahora se trataba de robo y destrucción de la propiedad a un nivel nunca antes visto. También se trataba de un delito en contra de Inglaterra y del rey Jorge III.

Cerca de cuarenta y seis toneladas de hojas de té cayeron en el puerto de Boston. Hoy en día, esta cantidad valdría entre uno y dos millones de dólares.

Los colonos esperaban recibir disparos en cualquier momento. De hecho, el navío de guerra de la Armada Real Británica patrullaba el puerto esa noche. Sus cañones apuntaban directamente al muelle de Griffin.

Las subastas de té

Producir y procesar té en China y en India requería de mucho tiempo y trabajo. Después de recoger las hojas de té, los trabajadores llenaban los cajones de madera, según se dice, parándose descalzos sobre las hojas de té para que entrara en el cajón tanto té como fuera posible. Los cajones tenían un fondo recubierto de plomo para proteger el té del largo viaje por mar hacia Londres, donde se subastaba al mejor precio. El subastador encendía una vela de una pulgada y aceptaba las ofertas por los cajones de té hasta que la vela se apagaba. El último en ofrecer obtenía el derecho de compra del té. El té arrojado por la borda durante el Motín del Té era del tipo *bohea*, un té

negro común llamado así por la región cercana a Shan-
ghái, en China.

Los "indígenas" apostaban a que la gran muchedumbre los protegería; los británicos no se arriesgarían a matar a tantos espectadores inocentes.

La marea estaba baja esa noche. Había tanto té que por accidente una parte se derramó en la cubierta y tuvieron que barrerlo hacia el agua. Algunos hombres permanecieron parados en el agua helada, a poca profundidad, para cortar en pedazos los cajones de té y que se hundieran más rápido.

Claramente, los hombres tenían la intención de que la noche transcurriera sin violencia, salvo hacia

el té. Tomaron tantas precauciones que solo hubo un herido. Uno de los participantes quedó inconsciente cuando lo golpeó un cajón de té. Sus amigos los trasladaron hasta tierra firme para su protección y luego volvieron a trabajar.

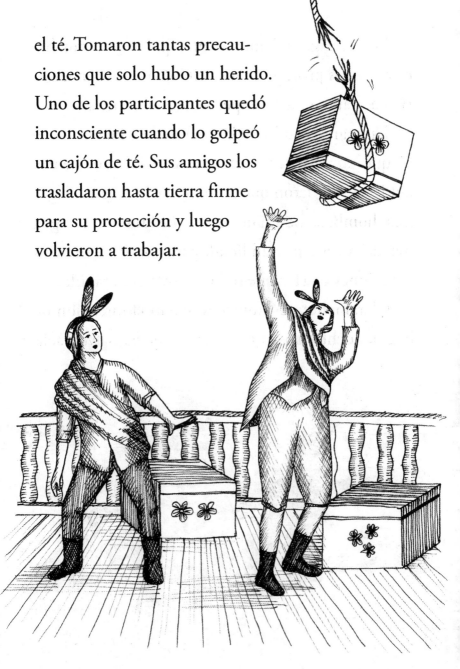

Varias personas intentaron robar un poco del té que estaban arrojando al mar. No fue una buena idea. A un hombre lo atraparon rellenándose la chaqueta con té y lo golpearon.

A otro hombre que vieron recogiendo hojas de té en su canoa, se la voltearon.

En tres horas, todo había acabado. Los hombres se aseguraron de que las cubiertas de los barcos

quedaran completamente limpias y sacudieron sus botas sobre la barandilla para deshacerse de todo el té. Trajeron a la tripulación de los barcos nuevamente a cubierta para que verificaran que nada, con excepción de los cajones de té, había sido destruido.

Luego, los muchachos y los hombres, exhaustos, regresaron a la ciudad.

El puerto se convirtió en una gigante y salada tetera, colmada de lo que hubieran sido cerca de 18 millones y medio de tazas de té.

¡Qué "fiesta" del té!

Capítulo 5
Mucho entusiasmo... por poco tiempo

Todos llegaron a sus hogares, a salvo, alrededor de las diez esa noche. Sus abrigos estaban cubiertos de té y en los zapatos y botas aún tenían alguna que otra hoja suelta.

Al día siguiente, las hojas negras cubrían parte del puerto, hasta donde alcanzaba la vista, a millas de la costa. Algunos de los hombres salieron y hundieron con los remos las hojas que aún flotaban para evitar que fueran

robadas. Otros juraron no comer pescado del puerto de Boston por un tiempo, porque habían nadado en el tan detestado té.

Un hombre recordó que todos habían "prometido por su honor que no revelarían el secreto". Al día siguiente, es probable que se miraran entre ellos en busca de restos de hollín o pintura detrás de las orejas que los delataran. Pero mantuvieron la promesa de silencio durante años. *Aún* no sabemos todos los nombres de los que participaron.

Más de cincuenta años después, un zapatero llamado George Hewes rompió el silencio y reveló: "No hubo desorden y se percibió, en aquel momento, como la noche más tranquila que había tenido Boston en varios meses".

El registro histórico de este suceso es impreciso. Las únicas imágenes que tenemos se hicieron mucho después y no son exactas. Por ejemplo, había imágenes que mostraban una luna llena y a los hombres usando grandes tocados de indígenas norteamericanos. Más tarde, miles proclamaban haber estado presentes, pero sus historias diferían y no tenían sentido.

En la actualidad, los historiadores dicen que muchos de los "invitados" al Motín del Té eran jóvenes; más de un tercio tenía menos de veinte años. Provenían de diversas formas de vida: orfebres, carpinteros, albañiles, curtidores de pieles, un carnicero, un librero, un maestro, un astillero, comerciantes, dos universitarios… Paul Revere quizá estaba entre ellos, pero no Adams o Hancock. Debían mantenerse a distancia para poder negar con honestidad haber estado presentes.

Como era de esperar, el gobernador Hutchinson dijo enfurecido que había sido "el golpe más audaz que se había hecho contra el gobierno británico en Norteamérica".

El 17 de diciembre en Boston se respiraba una atmósfera de júbilo. John Adams escribió sobre "la gran alegría que resplandecía en los ojos" de todos en la calle; y se burló con regocijo de la "decepción y el desconcierto de Hutchinson y su maquinaria".

Aun Adams, habitualmente correcto y formal, describió la destrucción del té como "magnífica". Al respecto escribió: "Admiro en gran medida la dignidad, la majestuosidad y la grandeza que hay en este último esfuerzo de los patriotas". Ahora estaba convencido de que las colonias e Inglaterra jamás podrían arreglar sus diferencias. Pero, a la vez, estaba preocupado. Hizo una lista, a la que llamó

"Los miedos" (*Bugbears*), de los crueles castigos que Gran Bretaña podía imponerles: prohibir las reuniones, anular las leyes locales, idear nuevos impuestos y enviar aún más tropas que los norteamericanos tendrían que alojar.

La única forma de comunicarles a las otras colonias que la protesta había sido un éxito era enviando un mensajero a caballo. Así que, el fiel Paul Revere cabalgó por la única ruta que iba desde Boston

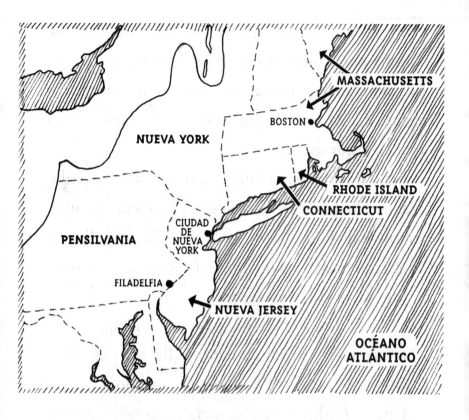

hasta Nueva York. Era un viaje de trescientas millas. Paul Revere llegó a Nueva York el 21 de diciembre y después se dirigió a Filadelfia, adonde llegó el 24 de diciembre. Desde allí las noticias entusiasmaron a las colonias.

¿Aprobaron todos los colonos el Motín del Té? No.

Muchos sureños, como George Washington, no aprobaron lo que había ocurrido. Destruir la propiedad era un delito. Temían a la anarquía, que es la ruptura de la ley y el orden. Pero muchos otros se inspiraron con la atrevida maniobra.

Las noticias llegaron a Inglaterra el 19 de enero

George Washington

de 1774 y el Parlamento se puso en acción. Destruir el té fue un exceso y los miembros del Parlamento lo consideraron un acto de guerra. Acusaron a Samuel Adams y a John Hancock, considerando que seguramente habían sido los cabecillas, de cometer el delito de alta traición. Si los atrapaban, serían trasladados a Inglaterra, donde serían colgados. La orden decía, además, que "estando todavía vivos, los descolgarían, extraerían sus entrañas, les cortarían la cabeza y les partirían el cuerpo en cuatro partes".

John Hancock ignoró la sangrienta orden de muerte. Ahora se daba cuenta de que la guerra con Inglaterra era inevitable. Instó a los colonos a armarse y a prepararse para "luchar por sus casas, por sus tierras, por sus esposas, por sus hijos... por su libertad y por su Dios", y así "de una vez por todas eliminar a esa gentuza de las calles de Boston".

Después de esto, los sucesos ocurrieron con gran rapidez. Y todos "los miedos" de John Adams, y muchos más, se hicieron realidad.

En la actualidad, lo que ocurrió en la noche del 16 de diciembre se conoce como el Motín del Té. Pero en aquel entonces, la gente se refería al hecho como "la destrucción del té" o "el suceso". De hecho, frases como "fiesta del té", para llamar a las reuniones de mujeres para tomar té, ni siquiera se utilizaron hasta cerca de 1780. La primera vez que el frase "Motín del Té" apareció impresa fue en 1826, en un artículo de un periódico acerca de un hombre que "a menudo se jactaba del 'Motín del Té'".

Capítulo 6
Boston va por más

El Parlamento sospechó que sería difícil conseguir suficientes pruebas para hacer arrestos individuales. Por eso decidió castigar a la ciudad de Boston entera. Promulgó lo que los norteamericanos llamaron las Leyes Intolerables. Cuando se dice de algo que es intolerable, significa que no se puede soportar. La idea era hacer de Boston un ejemplo para desalentar a otras ciudades de rebelarse.

El puerto de Boston se cerraba hasta que la ciudad pagara por el té perdido. No podían entrar alimentos ni mercancías. Los únicos barcos

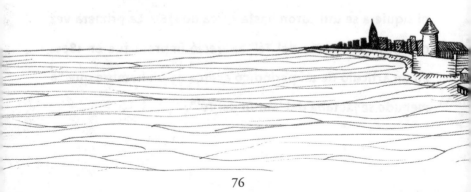

permitidos estaban llenos de soldados británicos, quienes debían hacer cumplir la ley y asegurarse de que no se originaran más problemas.

Así que las reuniones locales se prohibieron y Massachusetts quedó por completo bajo el control del rey.

Incluso algunos en el Parlamento pensaron que los castigos eran demasiado severos. Inglaterra especulaba con que siendo tan estricta, haría que la ciudad enmendara su comportamiento rebelde. Esto no ocurrió.

Pronto comenzaron a necesitarse alimentos, pero las otras colonias enviaron provisiones: provisiones de grano, ganado, ovejas de Connecticut y arroz de Carolina del Sur. Samuel Adams se encargó del comité que entregaba alimentos a los más necesitados.

De modo que el plan de los británicos fracasó. Y el desafío de Boston a Inglaterra inspiró otros motines a lo largo de la costa. Grupos diversos, en ocasiones disfrazados de indígenas, destruyeron el té en la ciudad de Nueva York, de Annapolis en Maryland, de Greenwich en Nueva Jersey y de Portsmouth en New Hampshire.

John Hancock se complacía diciendo: "Ningún otro hecho hubiera sido más efectivo para unir a las colonias que esta maniobra del té".

Durante una reunión ilegal del municipio, Samuel Adams advirtió: "No solo se trata de los derechos de Boston, sino de los de toda Norteamérica que ahora es atacada. No solo se trata de los derechos de los comerciantes, sino también los de los granjeros y los de todos los hombres que habitan este noble continente".

Los representantes de Virginia enviaron la siguiente declaración: "Si la Bahía de Massachusetts, nuestra colonia hermana, está esclavizada, no podemos permanecer libres… UNIDOS RESISTIMOS, DIVIDIDOS CLAUDICAMOS".

Thomas Jefferson, de Virginia, agregó que "atacar a una de nuestras colonias hermanas… es

Thomas Jefferson

atacar a toda la América británica".

El Motín del Té y las Leyes Intolerables motivaron a la unidad entre los colonos; sentían que todos estaban bajo el puño del rey Jorge. Era el momento ideal para una reunión de los representantes de todas las colonias; esto jamás había ocurrido. Se le llamó el Primer Congreso Continental, una primera versión del Congreso estadounidense actual.

El 5 de septiembre de 1774, en la sala de reuniones Carpenters, en Filadelfia, se reunieron cincuenta y seis representantes de todas las colonias, con excepción de Georgia. Esto se debía a que en Georgia aún necesitaban a los soldados británicos para protegerse de los posibles ataques de los indígenas.

Todos los representantes en el Congreso eran ricos o superricos, salvo Samuel Adams. Uno de ellos se percató del ímpetu de Adams y refiriéndose a él dijo: "Come poco, bebe poco, duerme poco y piensa mucho". Los motivos de algunos de los participantes eran personales. George Washington,

Sala de reuniones Carpenter

uno de los hombres más ricos de Norteamérica,
dijo acerca de los británicos: "No tienen derecho a
meter sus manos en nuestros bolsillos". Hablaba de
su dinero. Le molestaba que los británicos pensaran
que merecían su dinero y que trataran de obtenerlo
por medio de impuestos.

Para mediados de octubre el Congreso concluyó que trece de las acciones tomadas por el Parlamento en contra de las colonias eran injustas. Enviaron una petición al rey demandando determinados derechos básicos como "la vida, la libertad y la propiedad". John Adams dijo con emoción: "Este ha sido uno de los días más felices de mi vida; este día me ha convencido de que Norteamérica apoyará a [la provincia de] Massachusetts o perecerá con ella".

Todos los representantes acordaron que debían volver a reunirse el 10 de mayo de 1775, para discutir sobre los pasos a seguir.

Patrick Henry

"No soy virginiano, sino norteamericano".
Patrick Henry

En noviembre, Hancock convocó a doce mil voluntarios para formar la milicia de los *minutemen*. (Se les conocía como *minutemen* porque afirmaban estar listos para luchar en sesenta segundos). Había arreglado que su último barco, proveniente de Londres, viniera cargado de pólvora. Los rebeldes de Boston robaron cañones a los británicos y nombraron a los dos primeros Hancock y Adams.

El rey Jorge respondió de inmediato ordenando a sus tropas que aplastaran cualquier revuelta. Se decía que las tropas británicas estaban a la caza de Hancock y Adams.

En una gran congregación en Virginia, en marzo de 1775, Patrick Henry pronunció un discurso espléndido en el que convocaba a la rebelión armada. Anunció: "¡La guerra ya ha comenzado!... No sé qué opinan los demás; pero mi decisión está tomada, ¡libertad o muerte!".

El rey Jorge III. ¿Cuán loco estaba?

El rey Jorge III gobernó Gran Bretaña por casi sesenta años. A pesar de ser un poco tirano, era popular (salvo entre los rebeldes norteamericanos) y gobernó mientras el poderoso Imperio británico, un "vasto imperio donde nunca se pone el sol", comenzaba a prosperar. Norteamérica era su joya, parte del plan de Inglaterra para gobernar al mundo. Ciertamente los rebeldes lo enloquecían,

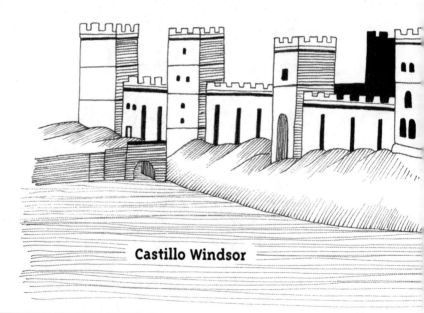

Castillo Windsor

¡del enojo! Su obstinación en no hacer concesiones, respaldado por el Parlamento, condujo directamente a la Declaración de Independencia de Estados Unidos.

Ya más anciano, Jorge III enloqueció. Su comportamiento era tan extraño que en ocasiones tuvo que usar una camisa de fuerza. Por esto era conocido como el "Rey Loco". Estuvo confinado en su hogar, el castillo de Windsor, durante los últimos nueve años de su vida. Murió en 1820.

Capítulo 7
¿Qué consecuencias trajo el Motín del Té?

El 18 de abril, Paul Revere hacía su famosa cabalgata de medianoche. Trataba de llegar a Lexington, a unas once millas de Boston para advertir a Hancock y a Adams de que las tropas británicas venían a capturarlos. Mientras escapaban sanos y salvos, Adams y Hancock podían escuchar disparos a sus espaldas.

En la batalla de Lexington y Concord, unos cuatro mil granjeros norteamericanos emboscaron a setecientos casacas rojas británicos, considerados los soldados mejores entrenados del mundo. Alguien, no sabemos quién, hizo el primer disparo de la Guerra de Independencia. Muchos hombres murieron en ambos lados, pero ese día los británicos fueron forzados a retirarse.

"¡Ah! ¡Qué mañana gloriosa!".
Samuel Adams, 19 de abril de 1775,
durante la batalla de Lexington

En esa primavera, el 10 de mayo como se había planeado, el Segundo Congreso Continental se reunió en Filadelfia. Hancock le compró a Adams un traje nuevo para la reunión. Al mes siguiente, George Washington, quien se destacaba sobre los demás, fue nombrado comandante en jefe de las fuerzas rebeldes. Como sureño, ayudó a unir al Norte con el Sur. Y Georgia, finalmente, se unió a las demás colonias en la guerra contra Inglaterra.

La guerra se prolongaría por ocho años dolorosos. El general británico Charles Cornwallis se rindió ante Washington en 1781, y un tratado de paz finalizó formalmente la guerra en el año 1783. Las trece colonias ya no eran colonias. Ahora conformaban los estados de un nuevo país llamado Estados Unidos de Norteamérica. Era una democracia, no una monarquía. Las leyes serían aprobadas por los representantes de los ciudadanos.

General Charles Cornwallis

Todo comenzó con el Motín del Té de Boston, que dio lugar a la Guerra de Independencia y al nacimiento de un nuevo país autónomo.

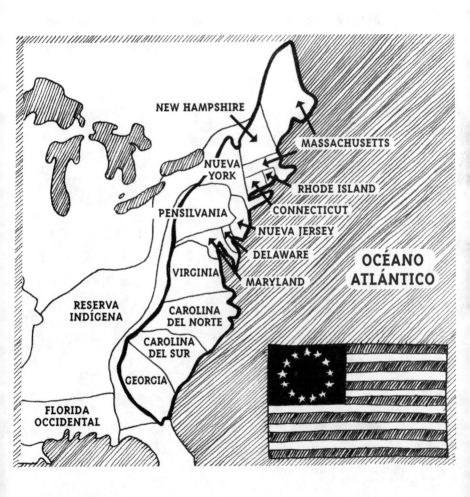

La rendición en Yorktown

Después de una importante batalla en Yorktown, Virginia, los británicos se vieron obligados a aceptar la

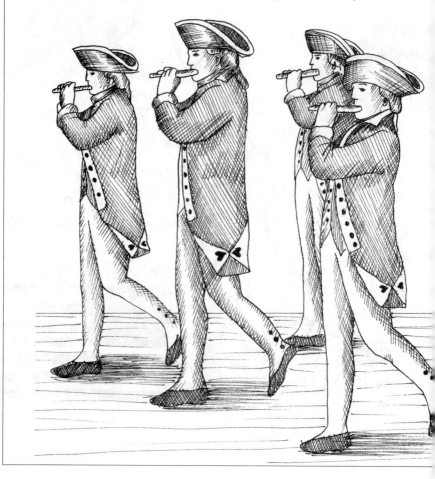

derrota. Lo que una vez pareció imposible, ahora había ocurrido. Los colonos habían ganado la guerra. Durante la rendición, la banda de música británica tocó una pieza muy apropiada para la ocasión: "El mundo al revés".

Capítulo 8
Después de la guerra

Tanto alboroto por el té y después de la guerra, el café se convirtió en la bebida preferida de los estadounidenses. No se debía al patriotismo, sino a que era más fácil de conseguir.

En las colonias, no todos querían la separación de Inglaterra. Alrededor de ochenta y cinco mil antiguos colonos, muchos de ellos instruidos y calificados, se mudaron a Canadá, Gran Bretaña o las Indias Occidentales Británicas. Perdieron todo lo que habían construido durante su estadía en las colonias y tuvieron que volver a comenzar.

A pesar de que Ben Franklin favorecía la independencia, su hijo William estaba en contra. Pasó casi tres años en prisión por ser leal al rey Jorge. Después de eso, salvo por un encuentro breve, Ben Franklin no volvió a ver a su hijo. "Nada me ha hecho tanto daño", se lamentó.

Como muchos otros lealistas, William tuvo que exiliarse después de la guerra. Vivió en Inglaterra hasta que murió, en 1813.

La victoria estadounidense había terminado con los impuestos británicos, pero ahora Estados Unidos debía crear sus propios impuestos. De hecho, después de la guerra estos se elevaron. Los impuestos se necesitaban para pagar los gastos de la guerra, establecer un nuevo gobierno nacional y las fuerzas armadas.

Debido a que nadie murió en la noche del Motín del Té, este ha inspirado protestas no violentas en todo el mundo desde entonces. En años más recientes, algunos ciudadanos se han agrupado para formar un nuevo movimiento político: el *Tea Party*. Tomaron ese nombre porque también se ven como manifestantes, enojados con el gobierno federal por los impuestos elevados que aprobaron.

Hasta el día de hoy, el misterio ronda el suceso original. ¿Quiénes eran estos hombres y qué sucedió con ellos? A través de los años, se conocieron algunos de los participantes, a menudo después de que habían fallecido. Sabemos que varios de los adolescentes que participaron en el Motín del Té se convirtieron en soldados y oficiales de la Guerra de Independencia, y no todos sobrevivieron.

Aquellos que participaron en el motín no buscaban ser famosos. Eran personas comunes y corrientes que rechazaban leyes que consideraban injustas. Tomaron el asunto en sus manos, literalmente, e hicieron escuchar sus voces (sin gritar), configurando así la historia.

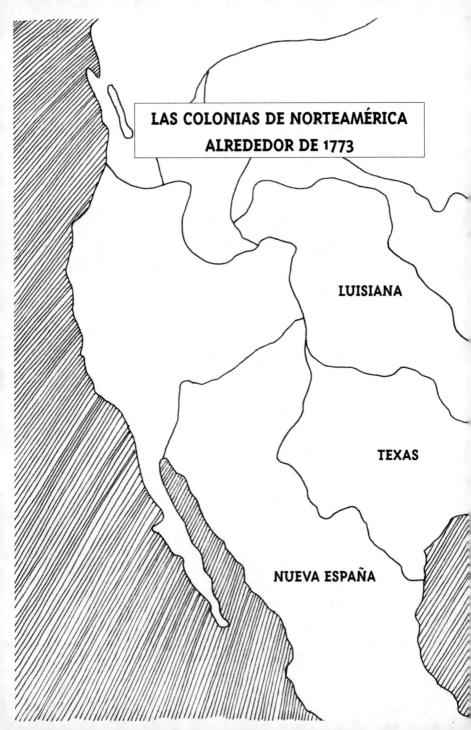

LAS COLONIAS DE NORTEAMÉRICA
ALREDEDOR DE 1773

LUISIANA

TEXAS

NUEVA ESPAÑA

Línea cronológica del Motín del Té

1600 — Se constituye la Compañía Británica de las Indias Orientales.

1760 — Jorge III asciende al trono el 25 de octubre.

1763 — Finaliza la guerra contra los franceses y los indígenas.

1765 — Se aprueba la Ley del Timbre, que cobra un impuesto a los documentos de papel en las colonias.
Se aprueba la Ley de Acuartelamiento, que exigía a los colonos albergar y dar de comer a los soldados británicos.

1767 — Se aprueban las Leyes Townshend, que imponían impuestos al té, al cristal, a la pintura y al papel en las colonias.

1770 — Se produce la Masacre de Boston.

1773 — Se aprueba la Ley del Té, que le permite a la Compañía Británica de las Indias Orientales vender el té más barato y de forma más competitiva, pero se mantiene el impuesto al té decretado por las Leyes Townshend.

1774 — El Parlamento aprueba una serie de leyes que los colonos denominan Leyes Intolerables.

1775 — Comienza la Guerra de Independencia entre las colonias de Norteamérica y Gran Bretaña.

1783 — Termina la Guerra de Independencia y Norteamérica obtiene su independencia.

1873 — Desaparece la Compañía Británica de las Indias Orientales.

Línea cronológica del mundo

El primer Gran Incendio de Boston destruye — **1760**
más de trescientos edificios.

Catalina la Grande se convierte en la emperatriz de Rusia. — **1762**

Suecia aprueba la Ley de Libertad de Prensa, — **1766**
convirtiéndose en el primer país en proteger legalmente
la libertad de prensa.

Se extingue la vaca marina de Steller. — **1768**

El papa Clemente XIV sucede al papa Clemente XIII. — **1769**

María Antonieta, de catorce años de edad, — **1770**
llega a la corte francesa.

El capitán James Cook cruza el círculo polar antártico. — **1773**

Luis XVI se convierte en el rey de Francia. — **1774**

Se funda la ciudad de San José, en California. — **1777**

El astrónomo Frederick William Herschel descubre — **1781**
el planeta Urano.

Estados Unidos toma el águila calva como su emblema. — **1782**

Benjamín Franklin inventa las gafas bifocales. — **1784**

Napoleón es ascendido a segundo teniente — **1785**
de la artillería francesa.

Delaware ratifica la Constitución de Estados Unidos — **1787**
el 7 de diciembre y se convierte en el primer estado.

Colección ¿Qué fue...? / ¿Qué es...?

El Álamo

La batalla de Gettysburg

El Día D

La Estatua de la Libertad

La expedición de Lewis
y Clark

La Fiebre del Oro

La Gran Depresión

La isla Ellis

La Marcha de Washington

El Motín del Té

Pearl Harbor

Pompeya

El Primer Día de Acción
de Gracias

El Tren Clandestino

Colección ¿Quién fue...? / ¿Quién es...?

Albert Einstein

Alexander Graham Bell

Amelia Earhart

Ana Frank

Benjamín Franklin

Betsy Ross

Fernando de Magallanes

Franklin Roosevelt

Harriet Beecher Stowe

Harriet Tubman

Harry Houdini

Los hermanos Wright

Louis Armstrong

La Madre Teresa

Malala Yousafzai

María Antonieta

Marie Curie

Mark Twain

Nelson Mandela

Paul Revere

El rey Tut

Robert E. Lee

Roberto Clemente

Rosa Parks

Tomás Jefferson

Woodrow Wilson

Vista de una calle de Boston colonial con el antiguo edificio
del Poder Legislativo

Primera caricatura política de la historia estadounidense,
creada por Benjamín Franklin. Significaba que las colonias
solo sobrevivirían si se mantenían unidas.

Parlamento británico en Londres

Tetera hecha por Paul Revere

*Paul Revere. Maker: Paul Revere, Jr., 1734–1818. Teapot. 1796. Silver, Overall: 6 ¹/₁₆ x 11 ⁵/₈ in. (15.4 x 29.5 cm); 21 oz. 10 dwt. (668.7 g)
Base: 5 ¹¹/₁₆ x 3 ³/₄ in. (14.4 x 9.5 cm). Bequest of Alphonso T. Clearwater, 1933. (33.120.543). Made in: America, Northeast, Massachusetts,
Boston. The Metropolitan Museum of Art, New York, NY, USA

Retrato del rey Jorge III

Timbre de impuesto

Oficial británico con soldados

Fogatas en protesta por la Ley del Timbre

Representación de lo que probablemente fue el Motín del Té

George Washington vestido
como coronel de Virginia

El gobernador
Hutchinson de joven

John Hancock

Paul Revere

A New Method of MACARONY MAKING, as practised at BOSTON.

Oficial de aduanas británico cubierto de alquitrán y plumas

El puerto de Boston con dos barcos anclados, soldados británicos y hombres trabajando

Hombres derribando la estatua del rey Jorge III en Nueva York

THE DESTRUCTION OF TEA AT BOSTON HARBOR.

Otra representación de lo que debió ser el Motín del Té

The Green Dragon.

La taberna
El dragón verde

Ilustración publicada en un libro cien años después
de ocurrido el Motín del Té

Grabado de la Masacre de Boston de Paul Revere

THE

Boston-Gazette,

AND

COUNTRY JOURNAL.

No. 779.

Containing the freshest Advices, Foreign and Domestic.

MONDAY, *March* 12, 1770.

Like a scurvy politician seem,
To see the things thou dost not.

SHAKESPEARE.

A Writer, in the Boston Chronicle, has not only been charged, in direct terms, but *proved*, by irresistable demonstration, guilty of *impertinence, absurdity, sophistry & falsehood*. That, all this has been done, with fair argument and good manners, the BOSTONIAN ought, with blushes, to concede. But should that gentleman think such a concession too great a sacrifice to truth and justice, it is then hoped, that his future publications, *tho' unanswer'd*, will meet little attention, and less credit. For, surely, when a writer, after such *charges* and such *proofs*, continues to *vapour* and *froth*, in futile strains and indeterminate expressions, devoid of reason or excuse, he cannot rationally hope even the countenance of *a party*.

Such a *profound ignorance* of the laws and constitution of our government is displayed in the last production, signed A BOSTONIAN, that it is very difficult to refrain, from expressions of contempt; such trifling evasion and despicable argument are below serious confutation.

" To acknowledge *allegiance* to the *King*, and deny obedience to the *laws* of *Great-Britain*, the BOSTONIAN says would be preposterous." As well might he assert, that an acknowledgment of DUTY to a *natural* parent was incompatible with an absolute denial of obedience to his *unnatural* demands. But the weakness of what is, here, called, "preposterous", must be peculiarly evident to those, who are acquainted with the spirit of our laws: And if fame says true, our BOSTONIAN ought to be *much ashamed* of his defects, in handling this subject.

I would chuse to treat every publick writer with politeness, but when palpable lies are asserted, for truth, in the face of all mankind, it is difficult to abstain from an appearance of incivility.——The BOSTONIAN is called upon to offer the *least* shadow of evidence, that——" the Independant would convert *every* province or island, *however insignificant* some of them may be, into *seperate* and *distinct* states:"—

It would require little less than a spirit of divination to find out, what reason or propriety there was in the stated supposition, about " the people of Main". The BOSTONIAN surely exposes himself to very just ridicule! Matters of greater importance, than viewing the defects and deformities of the BOSTONIAN, demand our instant attention. I therefore, close with the very applicable sentiments of an author, whose strength and life were spent in the service of his GOD and his country.

" Few words, well considered; few and easy things, now seasonably done; will save us. But if the people be so affected, as to prostitute religion and liberty, to the vain and groundless apprehension, that nothing, but a lucrative trade can make them happy; and if trade be grown so craving and importunate thro' the profusion of men, that nothing can support it, but the luxurious expences of the community upon trifles or superfluities, so as if the people should generally betake themselves to frugality, it might prove a dangerous matter, lest tradesmen should mutiny, for want of trading; and that, therefore, we must forego and set to sale, religion, liberty, honour, safety, all concernment divine or human, to keep up trading; if, lastly, after all this light among us, the same reason shall pass for current to fix our necks under illegal impositions, as was made use of, by the Jews, to return back to Egypt, because they foolishly imagined, that they would then live in more plenty and prosperity; our condition is not sound but rotten, both in religion and all civil prudence; and we shall soon be brought to those calamities, which attend always and unavoidably on luxury, that is to say, all national judgments under foreign and domestic slavery.

Thus, with hazard, I have ventured, what I thought my duty, to speak in season, and to forewarn my country in time. Many circumstances and particulars I could have added; but a few *main matters*, now put speedily into execution, will suffice to recover us from bondage, and set all right.—What I have said, is the language of the GOOD OLD CAUSE: If it seem strange to any, it will not seem more strange I hope, than convincing to backsliders. Thus much I should perhaps have said, tho' sure I should have spoken, only, to trees and stones, and had none to cry to, but with the prophet; *O earth, earth, earth!* But, I trust, I shall have spoken persuasion to abundance of sensible and ingenuous men: to some, perhaps, whom GOD may raise of these stones, to become children of liberty; and may enable and unite in noble resolution to give a full stay to the ruinous proceedings of tyranny and rapine."

AN INDEPENDANT.

At a Meeting of the Freeholders and other Inhabitants of the Town of Roxbury, legally assembled, on Monday the 5th Day of March, 1770, the Inhabitants taking into Consideration a Clause in the Warrant for calling said Meeting, viz. And to know the Minds of the Town Whether they will do any Thing to strengthen the Hands of the Merchants in their Non-Importation Agreement:

VOTED,

THAT Capt. William Heath, Col. Joseph Williams, Mr. Eleazer Well, Capt. Joseph Mayo, and Doctor Thomas Williams, be a Committee to take this Matter into Consideration, and report to the Town what they shall think proper to be done thereon.

The Meeting was then adjourn'd to the 8th Instant, Two o'Clock Afternoon; at which Time the Inhabitants being again assembled, the Committee made the following Report, viz.

WHEREAS the Merchants and Traders of the Town of Boston, and almost all the Maritime Towns on the Continent, from a Principle truly noble and generous, and to the sacrificing of their own private Interests, have entred into an Agreement not to import British Goods (a few necessary Articles excepted) until the Act of Parliament imposing certain Duties on Tea, Glass, Paper, Painters Colours, Oyl, &c. for the express Purpose of raising a Revenue in America, be repealed; which Agreement, if strictly adhered to, will not fail to produce the most salutary Effects. Therefore,

VOTED, That the Inhabitants of this Town do highly applaud the Conduct and Resolution of said Merchants and Traders: And we do take this Opportunity to express our warmest Gratitude to said Merchants, for the spirited Measures which they have taken. And we do hereby declare, that we will, to the utmost of our power, aid and assist said Merchants, in every constitutional Way, to render said Agreement effectual.

VOTED, That we do with the utmost Abhorrence and Detestation, view the little, mean and sordid Conduct of a few Traders in this Province, who have and still do import British Goods contrary to said Agreement, and have thereby discovered that they are governed by a selfish Spirit, and are regardless of, and deaf to, the Miseries and Calamities which threaten this people.

VOTED, That whereas *John Bernard, James McMasters, Patrick McMasters, John Mein, Nathaniel Rogers, William Jackson, Theophilus Lillie, John Taylor*, and *Anne & Elizabeth Cummings*, all of Boston; *Israel Williams* Esq; & *Son* of Hatfield; & *Henry Barnes* of Marlboro', are of this Number; and do import contrary to said Agreement: We do hereby declare, that we will not buy the least Article of any of said persons ourselves, or suffer any acting for or under us, to buy of them: neither will we buy of those that shall buy or exchange any articles of Goods with them.

VOTED, That to the End the Generations which are yet unborn, may know who they were that laughed at the Distresses and Calamities of this people; and instead of striving to save their Country when in imminent Danger, did strive to render ineffectual a virtuous and commendable Plan; the Names of these Importers shall be annually read at March Meeting.

VOTED, That we will not make use of any Foreign Teas in our several Families, until the Revenue Acts are repealed (Case of Sickness excepted.)

VOTED, That a Committee of Inspection be chosen, to make Enquiry from Time to Time, how far these Votes are complied with.

VOTED, That a Copy of these Votes be transmitted to the Committee of Inspection in the Town of Boston.

At a Meeting of the Inhabitants of the Town of Littleton, in the County of Middlesex, on Monday March 5th, 1770, a Committee was chosen to prepare certain Votes to be passed by the Town relating to the Importation of British Goods, who after retiring a short Time into a private Room, returned, and reported the following, which was unanimously Voted.

THE grievous Impositions the Inhabitants of the British Colonies have long suffered from their Mother Country, strongly claim their Attention to every legal Method for their Removal.

WE esteem the Measure already proposed, viz. the withdrawing our Trade from England, both œconomical and effectual:

WE do therefore Vote,

1. THAT we will not (knowingly) directly or indirectly, purchase any Goods which now are or hereafter may be imported contrary to the Agreement of the Merchants of the Town of Boston.
2. That if any Inhabitant of the Town of Littleton, shall be known to purchase any one Article of any Importer of Goods contrary to the before-mentioned Agreement, or of any one who shall buy of any such Importer, he shall suffer our high Displeasure and Contempt.
3. That a Committee be chosen to inspect the Conduct of all Buyers and Sellers of Goods in this Town, and report the Names of all (if any such there should be) who shall violate the true Spirit and Intention of the above-mentioned Votes and Resolutions.
4. That we will not drink or purchase any foreign Tea, howsoever Imported, until a general Importation of British Goods shall take Place.

THE Inhabitants of the Town of *Acton*, at their annual Town Meeting on the first Monday of March, 1770, taking into Consideration the distressed circumstances, that this Province and all North-America are involv'd in, by reason of the acts of Parliament imposing Duties and Taxes, upon the Inhabitants of North-America, for the sole purpose to raise a Revenue, and when the Royal Ear seems to be stopt against all our humble Prayers, and Petitions, for redress of Grievances, that this Land is involv'd in, and considering the salutary Measures that the Body of Merchants and Traders in this Province have come into, in order for the redress of the many troubles that we are involv'd in, and to support and maintain our Charter Rights, and Privileges, and to prevent our total Ruin and Destruction: Making all these things into serious Consideration, came into the following Votes.

VOTED, That we will use our utmost Endeavours to encourage and support the Body of Merchants and Traders, in their salutary Endeavours to retrieve this Province out of its present Distresses, to whom this Town vote their Thanks for the constitutional and spirited Measures pursued by them for the good of this Province.

Voted, That from this Time, we will have no commercial, or social connection with those, who at this Time do refuse to contribute to the relief of this abused Country, especially, those that import British Goods, contrary to the Agreement of the Body of Merchants in Boston, or elsewhere, that we will not afford them our Custom, but treat them with the utmost Neglect, and all those who countenance them.

VOTED, That we will use our utmost Endeavours, to prevent the Consumption of all foreign Superfluities, and that we will use our utmost Endeavors, to promote and encourage our own Manufactures.

VOTED, That the Town Clerk transmit a Copy of these Votes of the Town, to the Committee of Merchants of Inspection at Boston.

A true Copy Attested,

FRANCIS FAULKNER, *Town Clerk.*

Artículo sobre el Motín del Té en *The Boston Gazette, and Country Journal* del 12 de marzo de 1770

[January, 1770]

WILLIAM JACKSON,

an *IMPORTER*; at the

BRAZEN HEAD,

North Side of the TOWN-HOUSE,

and *Oppofite the Town-Pump, in*

Corn-hill, BOSTON.

It is defired that the Sons and
Daughters of *LIBERTY,*
would not buy any one thing of
him, for in fo doing they will bring
Difgrace upon *themfelves,* and their
Pofterity, for *ever* and *ever,* AMEN.

Circular que instaba a los Hijos e Hijas de la Libertad
a boicotear la mercancía importada

Benjamín Franklin

John Adams

JOHN ADAMS.

Samuel Adams

Benjamín Franklin,
el impresor

Representación de la rendición de Cornwallis, pero con errores.
Por ejemplo, Cornwallis, en realidad, no estuvo allí.

Firma de la Declaración de Independencia